ESTE LIVRO PERTENCE A:

_____

EXPEDIENTE

Fundador Italo Amadio *(in memoriam)*
Diretora Editoral Katia F. Amadio
Editor Eduardo Starke
Textos Raquel Almeida
Ilustrações Murilo Moretti
Projeto gráfico Rui Stüpp
Revisão Patrícia Harumi

Dados Internacionais de Catalogação na Publicação (CIP)
Angélica Ilacqua CRB-8/7057

```
Almeida, Raquel
    A Bíblia da criança : salmos / Raquel Almeida ; ilustrações
de Murilo Moretti. -- São Paulo : Rideel, 2022.

ISBN 978-65-5738-646-0

1. Bíblia - Salmos - Literatura infantojuvenil I. Título II.
Moretti, Murilo III. Série
                                                    CDD 242.62
22-2327                                             CDU 243
```

Índices para catálogo sistemático:

1. Bíblia - Salmos - Literatura infantojuvenil

© Todos os direitos reservados à

Av. Casa Verde, 455 – Casa Verde
CEP 02519-000 – São Paulo – SP
e-mail: sac@rideel.com.br
www.editorarideel.com.br

Proibida a reprodução total ou parcial desta obra, por qualquer meio ou processo, especialmente gráfico, fotográfico, fonográfico, videográfico, internet. Essas proibições aplicam-se também às características de editoração da obra. A violação dos direitos autorais é punível como crime (art. 184 e parágrafos, do Código Penal), com pena de prisão e multa, conjuntamente com busca e apreensão e indenizações diversas (artigos 102, 103, parágrafo único, 104, 105, 106 e 107, incisos I, II e III, da Lei nº 9.610, de 19-2-1998, Lei dos Direitos Autorais).

RAQUEL ALMEIDA

ILUSTRAÇÕES:
MURILO MORETTI

APRESENTAÇÃO

MINHA ORAÇÃO É PARA QUE ESTE LIVRO TE AJUDE

A CONHECER AO DEUS SOBERANO, DEUS DE AMOR, QUE ELE É.

ORO PARA QUE VOCÊ TENHA UM ENCONTRO PESSOAL

COM O SALVADOR JESUS. QUE ELE SEJA O SEU MELHOR AMIGO,

QUE VOCÊ FAÇA DIFERENÇA NESSA GERAÇÃO E QUE VOCÊ SEJA

MUITO FELIZ! EM NOME DE JESUS. AMÉM.

RAQUEL ALMEIDA

SALMO 23

O REI DAVI AMAVA A DEUS E RECONHECIA A SUA GRANDEZA E O SEU PODER. ELE ESCREVIA LINDOS POEMAS E AO SOM DE INSTRUMENTOS CANTAVA LOUVORES COM ALEGRIA. HOJE É DIA DE CANTAR! EU VOU ADORAR A DEUS, E AGRADECER POR TANTAS BÊNÇÃOS. EU DESCANSO E CONFIO, PORQUE DEUS ME SATISFAZ!

VAMOS ORAR?

A TI RENDO GRAÇAS, Ó DEUS, PORQUE O SENHOR É BOM! EU PRECISO DE TI, PRECISO DO SEU CUIDADO. O SENHOR É O MEU PASTOR, O SENHOR CUIDA DE MIM! EU ORO EM NOME DE JESUS. AMÉM.

SALMO 16

O SENHOR ESTÁ NA SINGELEZA DAS FLORES E NA BELEZA DO ARCO-ÍRIS! NA BRISA DO AMANHECER, NOS RAIOS DO SOL, NO CANTO DOS PÁSSAROS, EM TODA NATUREZA. RESPIRO FUNDO... ENCHO O MEU PEITO DE AR E SINTO A VIDA DENTRO DE MIM. EU INSPIRO... SOLTO O AR E ESPALHO O AMOR DE DEUS QUE ESTÁ NO MEU CORAÇÃO. EU SOU FELIZ!

VAMOS ORAR?

SENHOR, MORE EM MEU CORAÇÃO PARA SEMPRE! EU SINTO O SEU AMOR E A SUA BONDADE DENTRO DE MIM. GRATIDÃO POR TANTAS BÊNÇÃOS, ISSO ME FAZ TÃO FELIZ! AMÉM.

SALMO 139

O SENHOR FALOU E TUDO SE FEZ.
SUA VOZ CRIOU A TERRA E TODOS OS SERES
VIVENTES. ELE TAMBÉM CRIOU O CÉU,
O MAR E TODAS AS MARAVILHAS DESSE
MUNDO! O SENHOR ME CRIOU,
CAPRICHOU EM CADA DETALHE.
PAREÇO-ME COM DEUS! SOU A PESSOA
PERFEITA PARA FAZER
O QUE EU NASCI PARA FAZER!
QUE ALEGRIA!

VAMOS ORAR?

MEU DEUS E MEU PAI! GRATIDÃO POR TUDO O QUE O SENHOR CRIOU, A NATUREZA, OS ANIMAIS, MINHA FAMÍLIA E MEUS AMIGOS. O SENHOR ESTÁ FELIZ COM A MINHA VIDA, E EU SEI DISSO MUITO BEM! AMÉM.

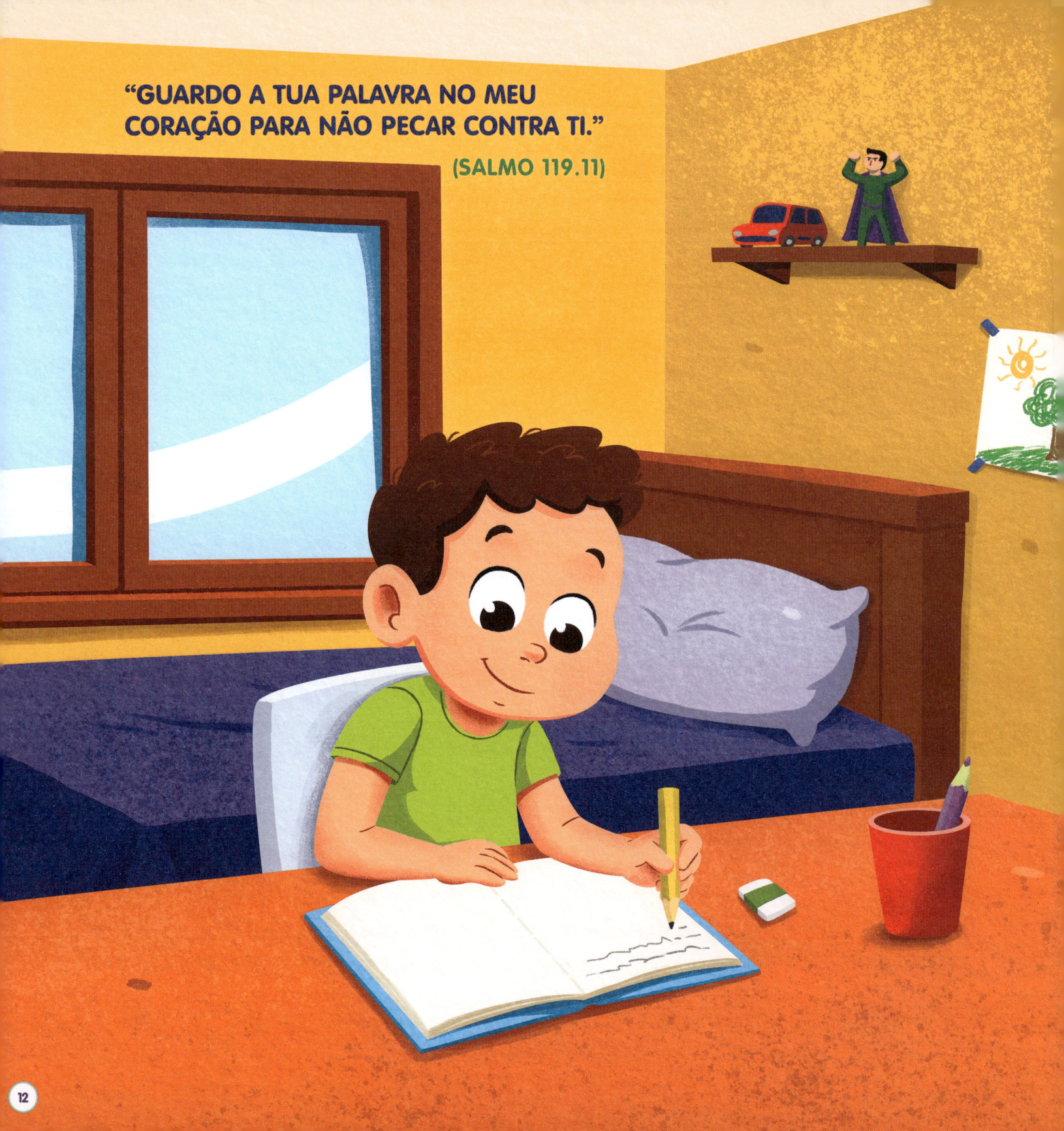

SALMO 119

OUVIR DIARIAMENTE A PALAVRA DE DEUS É A MELHOR MANEIRA DE ENCHER O CORAÇÃO DE FÉ. ELA TRAZ CORAGEM, FORÇA E ESPERANÇA. EU VOU GUARDAR TODOS OS ENSINAMENTOS DO MEU AMIGO JESUS, ASSIM PODEREI RESISTIR AO MAL. FAREI BOAS ESCOLHAS, SEREI OBEDIENTE, RESPONSÁVEL E MUITO INTELIGENTE.

VAMOS ORAR?

EU TE AMO, MEU DEUS, MEU PAI, MEU AMIGO! OS SEUS ENSINAMENTOS SÃO PRECIOSOS DEMAIS PARA MIM! VIVEREI CADA DIA SEGUINDO OS SEUS CONSELHOS. AJUDA-ME A OBEDECER A SUA PALAVRA! EU ORO EM NOME DE JESUS. AMÉM.

SALMO 37

O SENHOR É BONDOSO, É GENEROSO, É AMÁVEL E CARINHOSO. ELE É O CAMINHO DA FELICIDADE! DEUS É UM BOM AMIGO E TEM PRAZER EM ABENÇOAR! PROSSIGO CONFIANTE E FELIZ A CAMINHAR COM JESUS. DIA APÓS DIA, QUERO APRENDER E VIVER SEUS ENSINAMENTOS. QUE A SUA AMIZADE SEJA MINHA MAIOR ALEGRIA!

VAMOS ORAR?

SENHOR, EU ENTREGO O MEU CORAÇÃO A TI! CONCORDO COM OS SEUS PLANOS PARA MINHA VIDA, PORQUE EU SEI QUE O SENHOR É BOM. AJUDA-ME A ANDAR POR SEUS CAMINHOS E A FAZER A SUA VONTADE. EU ORO EM NOME DE JESUS. AMÉM.

SALMO 107

O AMOR DE JESUS É MARAVILHOSO! ELE PROVOU O SEU AMOR ENTREGANDO A SUA VIDA POR TODA HUMANIDADE. NINGUÉM TEM MAIOR AMOR DO QUE ESTE. EU VOU COMPARTILHAR O AMOR DE JESUS! VIVEREI DE MANEIRA EDUCADA E RESPEITOSA. FAREI TUDO COM AMOR, BOA VONTADE E DEDICAÇÃO, ASSIM COMO JESUS.

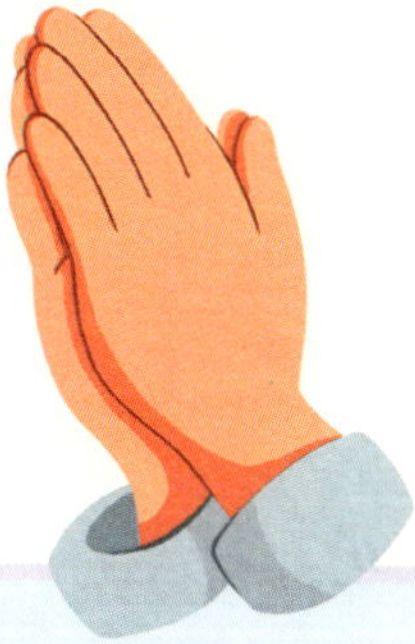

VAMOS ORAR?

QUERIDO DEUS! OBRIGADO PELO SEU INFINITO AMOR. O SENHOR É BOM E A SUA MISERICÓRDIA DURA PARA SEMPRE. NUNCA ME DEIXE ESQUECER QUE O SENHOR ME AMA E CUIDA DE MIM. EU ORO EM NOME DE JESUS. AMÉM.

"QUE TODO O MEU SER LOUVE O SENHOR, E QUE EU NÃO ESQUEÇA NENHUMA DAS SUAS BÊNÇÃOS!"

(SALMO 103.2)

SALMO 103

TODAS AS PARTES DO CORPO HUMANO FORAM CRIADAS PELAS MÃOS DE DEUS. TUDO FUNCIONA INCRIVELMENTE PERFEITO! ELE CRIOU TUDO PARA O SEU LOUVOR. TUDO O QUE EU FIZER, Ó DEUS, SERÁ PARA TE ADORAR! MINHA BOCA, MEUS OLHOS, MEUS PÉS E MÃOS, E CADA PARTE DE MIM TE AMARÁ COM TODAS AS MINHAS FORÇAS!

VAMOS ORAR?

TE ADORAREI, SENHOR, COM TUDO O QUE EU TENHO E COM TUDO O QUE EU SOU. QUE TUDO O QUE EU FALAR E PENSAR SEJA PARA O SEU LOUVOR. EU TE AMO, Ó DEUS! AMÉM.

SALMO 1

Dizer não para um conselho mau é sinal de inteligência e coragem. Algumas pessoas fazem convites ruins como: mentir, bater e machucar. Diga, não! Eu escolho ter boas amizades, fazer o bem e ter pensamentos positivos. Da minha boca só sairão palavras e músicas agradáveis e gostosas de ouvir!

VAMOS ORAR?

Amado, Deus! Eu fecho os meus ouvidos para todos os conselhos maus, palavrões e mentiras. Meus ouvidos foram feitos para ouvir apenas coisas boas e inteligentes. Eu escolho ouvir a sua voz. Eu oro em nome de Jesus. Amém.

SALMO 19

O SOL BRILHA INTENSAMENTE
E OS SEUS RAIOS TRAZEM VIDA A TERRA.
À NOITE, A BELEZA DA LUA E AS ESTRELAS
CINTILANTES QUEBRAM A ESCURIDÃO
TRAZENDO PAZ. QUEM SERIA CAPAZ
DE CRIAR ALGO TÃO PERFEITO ASSIM?
AH, DEUS! SÓ UMA MENTE TÃO INTELIGENTE,
CRIATIVA E AMÁVEL COMO A SUA,
FARIA ALGO TÃO ESPECIAL.
GRATIDÃO!

VAMOS ORAR?

DEUS, O SENHOR FEZ TUDO TÃO PERFEITO! A NATUREZA, O CÉU. TODA CRIAÇÃO DEMONSTRA O SEU PODER, O SEU AMOR E A SUA BONDADE. RECEBA A MINHA GRATIDÃO E O MEU LOUVOR. EU ORO EM NOME DE JESUS. AMÉM.

"EU ORO A TI, Ó DEUS, PORQUE TU ME RESPONDES. POR ISSO OUVE-ME, ESCUTA AS MINHAS PALAVRAS."
(SALMO 17.6)

SALMO 17

ORAR É FALAR COM DEUS, É DIALOGAR COM O MELHOR DE TODOS OS AMIGOS. O SENHOR ESTÁ SEMPRE PRONTO PARA OUVIR. ELE SE IMPORTA COM SEUS SENTIMENTOS. OUÇA A MINHA ORAÇÃO, ESCUTE O QUE TENHO PARA FALAR, SENHOR! AGUARDAREI COM ATENÇÃO A SUA RESPOSTA, QUERO OUVIR OS SEUS CONSELHOS. EU SEI QUE O SENHOR ME AMA E ME QUER BEM!

VAMOS ORAR?

QUERIDO DEUS! EU SEI QUE O SENHOR É UM BOM AMIGO. OUÇA A MINHA ORAÇÃO, VOU TE DIZER TUDO O QUE ESTOU SENTINDO (CONTE PARA DEUS O QUE VOCÊ QUISER E FAÇA SEUS PEDIDOS). EU ORO EM NOME DE JESUS. AMÉM.

"QUANDO ME DEITO, DURMO EM PAZ, POIS SÓ TU, Ó SENHOR, ME FAZES VIVER EM SEGURANÇA."

(SALMO 4.8)

SALMO 4

O SENHOR PROMETEU QUE NUNCA DEIXARIA SEUS FILHOS SOZINHOS. ELE DISSE QUE SEMPRE ENVIARIA SEUS ANJOS PARA PROTEGER, GUARDAR E LIVRAR DOS PERIGOS. DEUS, ÀS VEZES O MEDO TENTA ME ASSOMBRAR. ENTÃO, EU ORO, PORQUE SEI QUE O SENHOR SEMPRE ME OUVE. DORMIREI EM PAZ, CONFIANDO QUE O SENHOR ESTÁ CUIDANDO DE MIM.

VAMOS ORAR?

DEUS TODO PODEROSO! ÁS VEZES, EU SINTO MEDO E O MEU CORAÇÃO FICA APAVORADO! PROTEJA-ME! LIVRA-ME DO MAU E DE TODOS OS PERIGOS. EU ORO EM NOME DE JESUS. AMÉM.

SALMO 2

QUEM É DEUS COMO O NOSSO DEUS? NÃO EXISTE NADA, NEM NINGUÉM, IGUAL A ELE. O SENHOR É FORTE, É PODEROSO, É AMÁVEL. ELE É REI, E SEU REINO É DE PAZ E ALEGRIA. EU ME RENDO DIANTE DA SUA MAJESTADE, Ó SENHOR! A MINHA REVERÊNCIA É PARA DEMONSTRAR CONFIANÇA E RESPEITO AO ÚNICO QUE MERECE O MEU LOUVOR. ALELUIA!

VAMOS ORAR?

MEU DEUS, MEU REI! EU ME AJOELHO DIANTE DA SUA MAJESTADE! O SENHOR É O DONO DO CÉU E DA TERRA E TAMBÉM DO MEU CORAÇÃO. VENHA REINAR EM MINHA VIDA! EU ORO EM NOME DE JESUS. AMÉM.

SALMO 36

DEUS É FONTE DE PAZ, AMOR,
INTELIGÊNCIA E SABEDORIA QUE
NUNCA ACABA! JESUS É LUZ!
ELE É O PRÓPRIO CAMINHO QUE
NOS LEVA PARA JUNTO DE DEUS.
TUDO O QUE EU QUERO
É TE ADORAR, SENHOR!
O SENHOR É A LUZ QUE BRILHA
E ILUMINA A MINHA VIDA.
EU VEJO A SUA LUZ!
EU VOU SEGUIR A SUA LUZ!

VAMOS ORAR?

PAI DAS LUZES! O SENHOR É A FONTE QUE NUNCA VAI SECAR. O SENHOR É A RAZÃO DA MINHA VIDA. NUNCA ME DEIXE SAIR DA SUA PRESENÇA. EU ORO EM NOME DE JESUS. AMÉM.

SALMO 91

OS ANJOS SÃO SOLDADOS GUERREIROS
AO COMANDO DO SENHOR.
ELES VENCEM TODAS AS BATALHAS.
DEUS TEM UM EXÉRCITO PODEROSO!
VOU FICAR BEM PERTINHO DE DEUS,
O ALTÍSSIMO, ASSIM, ESTAREI EM PAZ
E EM SEGURANÇA.
O SENHOR DÁ ORDEM AOS SEUS
ANJOS PARA ME CERCAREM,
NADA PODE ME ABALAR!

VAMOS ORAR?

QUERIDO DEUS! EU TE DOU O MEU CORAÇÃO. POR ONDE EU ANDAR, PEÇO QUE O SENHOR DÊ ORDEM AOS SEUS ANJOS PARA ME PROTEGER E ME LIVRAR DO MAL. EU ORO EM NOME DE JESUS. AMÉM.

"ENTÃO, EU TE CONFESSEI O MEU PECADO E NÃO ESCONDI A MINHA MALDADE. RESOLVI CONFESSAR TUDO A TI, E TU PERDOASTE TODOS OS MEUS PECADOS."

(SALMO 32.5)

SALMO 32

MARAVILHOSA GRAÇA! MESMO QUANDO NÃO MERECEMOS, O SENHOR NOS AMA. SE PECARMOS, BASTA PEDIR PERDÃO, DEUS ESTÁ SEMPRE PRONTO PARA PERDOAR E ABENÇOAR. SE POR ACASO EU PECAR, CORREREI PARA DEUS PARA CONFESSAR E PEDIR PERDÃO. QUERO QUE O MEU CORAÇÃO ESTEJA SEMPRE LIMPO E LIVRE DE TODO MAL.

VAMOS ORAR?

AMADO DEUS! EU VENHO A TI EM ORAÇÃO PARA PEDIR PERDÃO PELOS MEUS PECADOS (DIGA A DEUS SE HÁ ALGUM PECADO). EU RECEBO O SEU PERDÃO, COM ALEGRIA E GRATIDÃO. EU ORO EM NOME DE JESUS. AMÉM.